_____ 님에게 드립니다.

채
우
다

동사

「…을」

1. 「…을 …에, …을 …으로」 '차다1(일정한 공간에 사람, 사물, 냄새 따위가 더 들어갈 수 없이 가득하게 되다)'의 사동사.
2. '차다1(1. 정한 수량, 나이, 기간 따위가 다 되다)'의 사동사.
3. 만족하게 하다.

적
다

동사
1. 「…에 …을, …에 -음을, …에 - ㄴ 지를, …에 -고」 어떤 내용을 글로 쓰다.

마음을 채우는

글귀를 따라 쓰며

고요히 나를 적는 시간.

필사의 시간입니다.

※ 이 책에 수록된 작품들은 한국문예학술저작권협회, 문학동네, 문학과지성사, 느린걸음과 저작권 사용 계약을 마친 작품입니다.

마음 채움, 나를 적다 —— 시

| 만든 사람들 |
기획 J&jj 기획부 | 책임진행 박솔재 | 편집 디자인 studio Y | 표지 디자인 studio Y

| 책 내용 문의 |
도서 내용에 대해 궁금한 사항이 있으시면,
디지털북스 홈페이지의 게시판을 통해서 해결하실 수 있습니다.

J&jj 홈페이지 : www.jnjj.co.kr
디지털북스 홈페이지 : www.digitalbooks.co.kr
디지털북스 페이스북 : www.facebook.com/ithinkbook
디지털북스 카페 : cafe.naver.com/digitalbooks1999
디지털북스 이메일 : digital@digitalbooks.co.kr

| 각종 문의 |
영업관련 hi@digitalbooks.co.kr
기획관련 digital@digitalbooks.co.kr
전화번호 02 447-3157~8

※ 잘못된 책은 구입하신 서점에서 교환해 드립니다.
※ 이 책의 일부 혹은 전체 내용에 대한 무단 복사, 복제, 전재는 저작권법에 저촉됩니다.
※ J&jj 는 DIGITAL BOOKS의 인문·예술분야의 새로운 브랜드입니다.

편집부 엮음

마음 채움, 나를 적다

시

내가 그다지 사랑하던 그대여
　내 한평생에 차마 그대를 잊을 수 없소이다
내 차례에 못 올 사랑인 줄은 알면서도
　나 혼자는 꾸준히 생각하리다
　　자 그러면 내내 어여쁘소서

www.jnjj.co.kr

CONTENTS

PART 01

단단함을 적다 _{마음을 단단하게 해주는 시 한 구절}

018
01 너의 하늘을 보아 _{박노해}

020
02 농담 _{이문재}

022
03 방 안에 켜놓은 촛불 _{이개}

024
04 어느 날 고궁을 나오면서 _{김수영}

028
05 쉽게 씌여진 시 _{윤동주}

030
06 눈 맞아 휘어진 대나무를 _{원천석}

032
07 낙화 _{조지훈}

034
08 용비어천가 _{정인지 외}

036
09 자화상 _{윤동주}

038
010 흰 바람벽이 있어 _{백석}

042
011 새벽 편지 _{정호승}

044
012 독백 _{이상화}

046
013 서경별곡 _{미상}

048
014 교목 _{이육사}

050
015 별 헤는 밤 _{윤동주}

PART 02

다정함을 적다
다정하게 마음을 어루만지는 시 한 구절

056
01　우화의 강 1　마종기

058
02　사랑스런 추억　윤동주

060
03　산유화　김소월

062
04　청포도　이육사

064
05　이런 시　이상

066
06　묏버들 가려 꺾어　홍랑

068
07　또 기다리는 편지　정호승

070
08　돌담에 속삭이는 햇발　김영랑

072
09　행복　한용운

074
10　사미인곡　정철

076
11　달아　이상화

078
12　개여울의 노래　김소월

080
13　눈이 오시네　이상화

082
14　늙어가는 아내에게　황지우

086
15　바람의 말　마종기

088
16　즐거운 편지　황동규

PART 03

뜨거운 을 적다

사랑의 마음을 전하는 뜨거운 시 한 구절

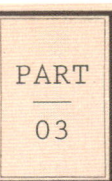

094
01 적막강산 1 이문재

096
02 꽃 이육사

098
03 만전춘 미상

100
04 북창이 맑다커늘 임제
    어이 얼어 잘이 한우

102
05 초혼 김소월

104
06 몽혼 이옥봉

106
07 저녁에 김광섭

108
08 님의 침묵 한용운

110
09 서시 윤동주

112
10 광야 이육사

114
11 생명의 서 유치환

116
12 논개 변영로

118
13 꽃 김춘수

120
14 너를 만나면 이승훈

PART 04

속 속 함을 적 다

조용히 마음을 적시는 위로의 시 한 구절

126
01 청파동을 기억하는가 최승자

128
02 이별가 박목월

130
03 동짓달 기나긴 밤을 황진이

132
04 마음이 어린 후이니 서경덕

134
05 먼 후일 김소월

136
06 나와 나타샤와 흰 당나귀 백석

138
07 나룻배와 행인 한용운

140
08 세월이 가면 박인환

142
09 바다가 변하여 뽕나무밭 된다고 김소월

144
10 내 마음 아실 이 김영랑

146
11 눈 오는 지도 윤동주

148
12 개여울 김소월

150
13 못 잊어 김소월

152
14 꽃이 진다고 그대를 잊은 적 없다 정호승

반복되는 일상 속에 지쳐 있지는 않나요?
인생은 자전거를 타는 것과 같다고 합니다.
균형을 잡으려면 움직여야 하는 거죠.
하지만 한 번 자전거를 타는 법을 배우면
절대로 잊어버리지 않는다고 해요.
지금 넘어진 자리에서 아파하며 멈춰 있는 당신,
넘어져 봤으니까 이제 더 잘 달릴 수 있을 거예요.

PART 01

나나나를 적다

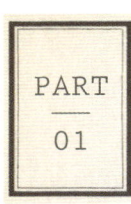

단단함을 적다

마음을 단단하게 해주는 시 한 구절

윤동주 시인이 살았던 때는 일제강점의 암울한 시기였습니다.
작품 활동 초기에 그는 개인적 정서를 담은 시를 주로 썼지만,
성인이 되고 사유가 깊어지면서부터는 식민 지배를 받는
민족 공동체의 고난, 어두운 시대 한가운데에서
자신이 어떠한 마음가짐을 가져야 할지에 대한 시를 많이 써내었습니다.
아마 그는 피지배와 복종을 강요하는 일제의 억압 속에서
고통받는 자신의 마음을 더욱 단단히 하기 위해 시를 썼을 것입니다.
일본에 대항하는 운동에 참여하기도 하며
시를 쓰는 가운데에서도 끊임없이 자신을 성찰하며
부끄러운 마음마저 솔직하게 시에 담아낸 윤동주 시인.
그의 시어들은 결국 어떠한 억압 속에서도 굴하지 않고
하늘을 우러러 한 점 부끄럼 없이 단단한 사람이 되고 싶다는
그의 의지 표현이 아니었을까요?

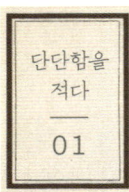

너의 하늘을 보아

네가 자꾸 쓰러지는 것은
네가 꼭 이룰 것이 있기 때문이야

네가 지금 길을 잃어버린 것은
네가 가야만 할 길이 있기 때문이야

네가 다시 울며 가는 것은
네가 꽃피워 낼 것이 있기 때문이야

힘들고 앞이 안 보일 때는
너의 하늘을 보아

네가 하늘처럼 생각하는
너를 하늘처럼 바라보는

너무 힘들어 눈물이 흐를 때는
가만히
네 마음이 가장 깊은 곳에 가 닿는

너의 하늘을 보아

박노해

단단함을
적다
—
02

농담

문득 아름다운 것과 마주쳤을 때
지금 곁에 있으면 얼마나 좋을까 하고
떠오르는 얼굴이 있다면 그대는
사랑하고 있는 것이다

그윽한 풍경이나 제대로 맛을 낸 음식 앞에서
아무도 생각하지 않는 사람
그 사람은 정말 강하거나
아니면 진짜 외로운 사람이다

종소리를 더 멀리 내보내기 위하여
종은 더 아파야 한다

이문재

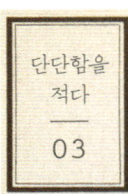

방 안에 켜놓은 촛불
누구와 이별 하였건대
겉으로는 눈물 흘리고
속 타는 줄 모르는가
저 촛불 나와 같아
속 타는 줄 모르노라

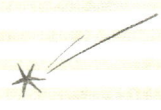

이개

어느 날 고궁을 나오면서

왜 나는 조그만 일에만 분개하는가
저 왕궁 대신에 왕궁의 음탕 대신에
오십 원짜리 갈비가 기름덩어리만 나왔다고 분개하고
옹졸하게 분개하고 설렁탕집 돼지같은 주인년한테 욕을 하고
옹졸하게 욕을 하고

한번 정정당당하게
붙잡혀간 소설가를 위해서
언론의 자유를 요구하고 월남파병에 반대하는
자유를 이행하지 못하고
이십 원을 받으러 세번씩 네번씩
찾아오는 야경꾼들만 증오하고 있는가

옹졸한 나의 전통은 유구하고 이제 내 앞에
정서로 가로놓여 있다
이를테면 이런 일이 있었다
부산에 포로수용소의 제14야전병원에 있을 때
정보원이 너어스들과 스폰지를 만들고 거즈를
개키고 있는 나를 보고 포로경찰이 되지 않는다고
남자가 뭐 이런 일을 하고 있느냐고 놀린 일이 있었다
너어스들 옆에서

지금도 내가 반항하고 있는 것은 이 스폰지 만들기와
거즈 접고 있는 일과 조금도 다름없다
개의 울음소리를 듣고 그 비명에 지고
머리에 피도 안 마른 애놈의 투정에 진다
떨어지는 은행나무잎도 내가 밟고 가는 가시밭

아무래도 나는 비켜서있다 절정 위에는 서있지
않고 암만해도 조금쯤 옆으로 비켜서있다
그리고 조금쯤 옆에 서있는 것이 조금쯤
비겁한 것이라고 알고 있다!

그러니까 이렇게 옹졸하게 반항한다
이발쟁이에게
땅주인에게는 못하고 이발쟁이에게
구청직원에게는 못하고 동회직원에게도 못하고
야경꾼에게 이십 원 때문에 일 원 때문에
우습지 않으냐 일 원 때문에

모래야 나는 얼마큼 적으냐
바람아 먼지야 이것아 나는 얼마큼 적으냐
정말 얼마큼 적으냐……

단단함을 적다 — 05

쉽게 씌여진 시

창 밖에 밤비가 속살거려
육첩방은 남의 나라.

시인이란 슬픈 천명인 줄 알면서도
한 줄 시를 적어 볼까.

땀내와 사랑내 포근히 품긴
보내 주신 학비 봉투를 받아

대학 노―트를 끼고
늙은 교수의 강의 들으러 간다.

생각해 보면 어린 때 동무들
하나, 둘, 죄다 잃어버리고

나는 무얼 바라
나는 다만, 홀로 침전하는 것일까?

인생은 살기 어렵다는데
시가 이렇게 쉽게 쓰여지는 것은
부끄러운 일이다.

육첩방은 남의 나라
창밖에 밤비가 속살거리는데,

등불을 밝혀 어둠을 조금 내몰고,
시대처럼 올 아침을 기다리는 최후의 나

나는 나에게 작은 손을 내밀어
눈물과 위안으로 잡는 최초의 악수.

윤동주

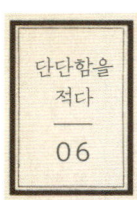

단단함을
적다
06

눈 맞아 휘어진 대나무를
누가 굽었다 하던가
　　　　구부러질 철개면
　　눈 속에 푸르겠느냐
아마도 세한고절은
너뿐인가 하노라

원천석

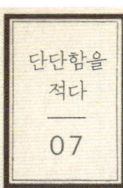

낙 화

꽃이 지기로서니
바람을 탓하랴

주렴 밖에 성긴 별이
하나 둘 스러지고

귀촉도 울음 뒤에
머언 산이 다가서다

촛불을 꺼야 하리
꽃이 지는데

꽃 지는 그림자
뜰에 어리어

하이얀 미닫이가
우련 붉어라

묻혀서 사는 이의
고운 마음을

아는 이 있을까
저허하노니

꽃이 지는 아침은
울고 싶어라.

조지훈

단단함을
적다
08

용비어천가

뿌리 깊은 나무 바람에 마르지 아니하니
꽃이 좋고 열매가 많이 열리니

샘이 깊은 물은 가뭄에도 그치지 아니하니
내를 이루어 바다에 가느니

정인지 외

단단함을
적다
—
09

자화상

산 모퉁이를 돌아 논가 외딴 우물을 홀로 찾아가선
가만히 들여다봅니다.

우물 속에는 달이 밝고 구름이 흐르고 하늘이 펼치고
파아란 바람이 불고 가을이 있습니다.

그리고 한 사나이가 있습니다.
어쩐지 그 사나이가 미워져 돌아 갑니다.

돌아가다 생각하니 그 사나이가 가엾어집니다.
도로가 들여다 보니 사나이는 그대로 있습니다.

다시 그 사나이가 미워져 돌아 갑니다.
돌아가다 생각하니 그 사나이가 그리워집니다.

우물 속에는 달이 밝고 구름이 흐르고 하늘이 펼치고
파아란 바람이 불고 가을이 있고 추억처럼
한 사나이가 있습니다.

윤동주

단단함을
적다
―
10

흰 바람벽이 있어

오늘 저녁 이 좁다란 방의 흰 바람벽에

어쩐지 쓸쓸한 것만이 오고 간다

이 흰 바람벽에

희미한 십오촉 전등이 지치운 불빛을 내어던지고

때글은 다 낡은 무명 셔츠가 어두운 그림자를 쉬이고

그리고 또 달디단 따끈한 감주나 한 잔 먹고 싶다고 생각하는

내 가지가지 외로운 생각이 헤매인다

그런데 이것은 또 어인 일인가

이 흰 바람벽에

내 가난한 늙은 어머니가 있다

내 가난한 늙은 어머니가

이렇게 시퍼러둥둥하니 추운 날인데 차디찬 물에 손을 담그고

무이며 배추를 씻고 있다

또 내 사랑하는 사람이 있다

내 사랑하는 어여쁜 사람이

어느 먼 앞대 조용한 개포가의 나지막한 집에서

그의 지아비와 마주앉어 대굿국을 끓여 놓고 저녁을 먹는다

벌써 어린것도 생겨서 옆에 끼고 저녁을 먹는다

백석

그런데 또 이즈막하여 어느 사이엔가

이 흰 바람벽엔

내 쓸쓸한 얼굴을 쳐다보며

이러한 글자들이 지나간다

—나는 이 세상에서 가난하고 외롭고 높고
쓸쓸하니 살아가도록 태어났다

그리고 이 세상을 살아가는데

내 가슴은 너무도 많이 뜨거운 것으로 호젓한 것으로 사랑으로 슬픔으로 가득찬다

그리고 이번에는 나를 위로하는 듯이 나를 울력하는 듯이

눈질을 하며 주먹질을 하며 이런 글자들이 지나간다

　—하늘이 이 세상을 내일 적에 그가 가장 귀해하고 사랑하는 것들은 모두

가난하고 외롭고 높고 쓸쓸하니 그리고 언제나 넘치는

사랑과 슬픔 속에 살도록 만드신 것이다

초생달과 바구지꽃과 짝새와 당나귀가 그러하듯이

그리고 또 '프랑시쓰 쨈'과 도연명과 '라이너 마리아 릴케'가 그러하듯이

백석

> 단단함을 적다
> ──
> 11

새벽 편지

죽음보다 괴로운 것은
그리움이었다

**사랑도 운명이라고
용기도 운명이라고**

홀로 남아 있는
용기가 있어야 한다고

오늘도 내 가엾은 발자국 소리는
네 창가에 머물다 돌아가고

**별들도 강물 위에
몸을 던졌다**

정호승

단단함을
적다
―
12

독백

나는 살련다, 나는 살련다
바른 맘으로 살지 못하면 미쳐서도 살고 말련다
남의 입에서 세상의 입에서
사람 영혼의 목숨까지 끊으려는
비웃음의 쌀이
내 송장의 불쌍스런 그 꼴 위로
소낙비같이 내리쏟을지라도―

짓퍼부울지라도
나는 살련다, 내 뜻대로 살련다.
그래도 살 수 없다면―
나는 제 목숨이 아까운 줄 모르는
벙어리의 붉은 울음 속에서라도
살고는 말련다.

원한이란 이름도 얼굴도 모르는
장마진 냇물의 여울 속에 빠져서 나는 살련다.
게서 팔과 다리를 허둥거리고
부끄럼 없이 몸살을 쳐보다
죽으면― 죽으면― 죽어서라도 살고는 말련다.

이상화

단단함을 적다 13

서경별곡

구슬이 바위에 떨어진들
끈이야 끊어지겠습니까
천년을 외따로이 살아간들
믿음이야 끊어지겠습니까

미상

교목

푸른 하늘에 닿을 듯이
세월에 불타고 우뚝 남아 서서
차라리 봄도 꽃피진 말아라.

낡은 거미집 휘두르고
끝없는 꿈길에 혼자 설레이는
마음은 아예 뉘우침 아니라.

검은 그림자 쓸쓸하면
마침내 호수 속 깊이 거꾸러져
차마 바람도 흔들진 못해라.

이육사

별 헤는 밤

계절이 지나가는 하늘에는
가을로 가득 차 있습니다.

나는 아무 걱정도 없이
가을 속의 별들을 다 헤일 듯합니다.

가슴속에 하나 둘 새겨지는 별을
이제 다 못 헤는 것은
쉬이 아침이 오는 까닭이요,
내일 밤이 남은 까닭이요,
아직 나의 청춘이 다하지 않은 까닭입니다.

별 하나에 추억과
별 하나에 사랑과
별 하나에 쓸쓸함과
별 하나에 동경과
별 하나에 시와
별 하나에 어머니, 어머니
어머님, 나는 별 하나에 아름다운 말 한마디씩 불러봅니다. 소학교 때 책상을 같이 했던 아이들의 이름과 패, 경, 옥 이런 이국소녀들의 이름과, 벌써 아기 어머니 된 계집애들의 이름과, 가난한 이웃사람들의 이름과, 비둘기, 강아지, 토끼, 노새, 노루, 프랑시스 잼, 라이너 마리아 릴케, 이런 시인의 이름을 불러 봅니다.

이네들은 너무나 멀리 있습니다.
별이 아스라이 멀듯이.
어머님,
그리고 당신은 멀리 북간도에 계십니다.

나는 무엇인지 그리워서
이 많은 별빛이 내린 언덕 위에
내 이름자를 써 보고,
흙으로 덮어 버리었습니다.

딴은 밤을 새워 우는 벌레는
부끄러운 이름을 슬퍼하는 까닭입니다.

그러나 겨울이 지나고 나의 별에도 봄이 오면,
무덤 위에 파란 잔디가 피어나듯이
내 이름자 묻힌 언덕 위에도
자랑처럼 풀이 무성할 거외다.

윤동주

따정함에는 굳은 마음을 풀리게 하고,
상처를 치유하고 다시 일어서게 만드는 힘이 있습니다.
혹시 지금 사랑하는 사람에게
무엇을 해줄 수 있을까 고민하고 있나요?
지친 이에게 어떤 위로를 건네야 할지 몰라 망설이고 있나요?
매일 똑같은 일상 속에 따뜻한 마음이 필요한가요?
사랑하는 얼굴을 마주하고 이렇게 말해보세요.

'지금 이대로도 괜찮아'

PART 02

방정함을 적다

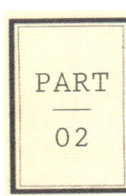

다정함을 적다

다정하게 마음을 어루만지는 시 한 구절

말기 백혈병으로 시한부 판정을 받은 11세 소년이 있었습니다.
이 소년의 소원은 장난감도, 과자도, 놀이동산도 아니었습니다.
평소 길거리의 노숙자들을 안타깝게 여겨오던 소년은
마지막 소원으로 '굶주린 노숙자들에게 음식을 나누어 주는 것'을 말했습니다.
소년의 소원을 이루어주기 위해 이웃 주민들은
그를 대신해 샌드위치, 음료수 등을 노숙자들에게 전달했고
이 이야기가 지역 방송을 통해 많은 이들에게 알려지게 되었습니다.
이후 많은 어른들이 소년의 마음에 감동해 너나 할 것 없이
노숙자 돕기 운동에 참여하게 되었고,
마침내 미국 전역에서 노숙자들을 위한 마음을 모으기 시작했습니다.
그리고 이 소년이 세상을 떠난 후에도 그의 다정한 마음은 오래도록 남아
아직도 많은 이들의 마음을 따뜻하게 하고 있습니다.

> 다정함을
> 적다
> ——
> 01

우화의 강 1

사람이 사람을 만나 서로 좋아하면
두 사람 사이에 물길이 튼다.
한쪽이 슬퍼지면 친구도 가슴이 메이고
기뻐서 출렁거리면 그 물살은 밝게 빛나서
친구의 웃음소리가 강물의 끝에서도 들린다.

처음 열린 물길은 짧고 어색해서
서로 물을 보내고 자주 섞여야겠지만
한 세상 유장한 정성의 물길이 흔할 수야 없겠지.
넘치지도 마르지도 않는 수려한 강물이 흔할 수야 없겠지.

긴말 전하지 않아도 미리 물살로 알아듣고
몇 해쯤 만나지 못해도 밤잠이 어렵지 않은 강,
아무려면 큰 강이 아무 의미도 없이 흐르고 있으랴.
세상에서 사람을 만나 오래 좋아하는 것이
죽고 사는 일처럼 쉽고 가벼울 수 있으랴.

큰 강의 시작과 끝은 어차피 알 수 없는 일이지만
물길을 항상 맑게 고집하는 사람과 친하고 싶다.
내 혼이 잠잘 때 그대가 나를 지켜보아주고
그대를 생각할 때면 언제나 싱싱한 강물이 보이는
시원하고 고운 사람을 친하고 싶다.

마종기

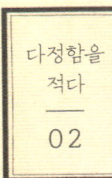

사랑스런 추억

봄이 오던 아침, 서울 어느 쪼그만 정거장에서
희망과 사랑처럼 기차를 기다려,

나는 플랫폼에 간신이 그림자를 떨어뜨리고,
담배를 피웠다.

내 그림자는 담배연기 그림자를 날리고
비둘기 한떼가 부끄러운 것도 없이
나래 속을 속, 속, 햇빛에 비춰, 날았다.
기차는 아무 새로운 소식도 없이
나를 멀리 실어다주어,

봄은 다 가고— 동경교외 어느 조용한
하숙방에서,
옛거리에 남은 나를 희망과
사랑처럼 그리워한다.

오늘도 기차는 몇 번이나 무의미하게 지나가고,

오늘도 나는 누구를 기다려 정거장 가까운 언덕에서
서성거릴게다.

—아아 젊음은 오래 거기 남아 있거라.

윤동주

다정함을
적다

03

산유화(山有花)

산에는 꽃 피네
꽃이 피네
갈 봄 여름 없이
꽃이 피네

산에
산에
피는 꽃은
저만치 혼자서 피어 있네

산에서 우는 작은 새여
꽃이 좋아
산에서
사노라네

산에는 꽃 지네
꽃이 지네
갈 봄 여름 없이
꽃이 지네

김소월

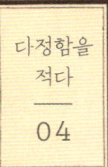

청포도

내 고장 칠월은
청포도가 익어 가는 시절.

이 마을 전설이 주저리주저리 열리고
먼 데 하늘이 꿈꾸며 알알이 들어와 박혀

하늘 밑 푸른 바다가 가슴을 열고
흰 돛단배가 곱게 밀려서 오면

내가 바라는 손님은 고달픈 몸으로
청포를 입고 찾아온다고 했으니,

내 그를 맞아 이 포도를 따 먹으면
두 손은 함뿍 적셔도 좋으련.

아이야, 우리 식탁엔 은쟁반에
하이얀 모시 수건을 마련해 두렴

이육사

> 다정함을
> 적다
> 05

이 런 시

역사를 하노라고 땅을 파다가 커다란 돌을 하나 끄집어내 놓고 보니
도무지 어디서인가 본 듯한 생각이 들게 모양이 생겼는데 목도들이
그것을 메고 나가더니 어디다 갖다버리고 온 모양이길래 쫓아나가 보니
위험하기 짝이 없는 큰길가더라.

그날 밤에 한 소내기하였으니 필시 그 돌이 깨끗이 씻겼을 터인데
그 이튿날 나가보니까 변괴로다 간 데 온 데 없더라. 어떤 돌이 와서 그 돌을 업어갔을까.
나는 참 이런 처량한 생각에서 아래와 같은 작문을 지었도다.

「내가 그다지 사랑하던 그대여 내 한평생에 차마 그대를 잊을 수 없소이다.
내 차례에 못 올 사랑인 줄은 알면서도 나 혼자는 꾸준히 생각하리다.
자 그러면 내내 어여쁘소서」

어떤 돌이 내 얼굴을 물끄러미 치어다보는 것만 같아서
이런 시는 그만 찢어버리고 싶더라.

이상

> 다정함을
> 적다
> ―
> 06

묏버들 가려 꺾어

묏버들 가려 꺾어 보내노라 님의 손에
주무시는 창 밖에 심어 두고 보소서
밤비에 새 잎 꽃 나거든 나인가도 여기소서

홍랑

다정함을
적다
——
07

또 기다리는 편지

지는 저녁 해를 바라보며
오늘도 그대를 사랑하였습니다.
날 저문 하늘에 별들은 보이지 않고
잠든 세상 밖으로 새벽달 빈 길에 뜨면
사랑과 어둠의 바닷가에 나가
저무는 섬 하나 떠올리며 울었습니다.
외로운 사람들은 어디론가 사라져서
해마다 첫눈으로 내리고
새벽보다 깊은 새벽 섬 기슭에 앉아
오늘도 그대를 사랑하는 일보다
기다리는 일이 더 행복하였습니다.

다정함을
적다

08

돌담에 속삭이는 햇발

돌담에 속삭이는 햇발같이
풀 아래 웃음짓는 샘물같이
내 마음 고요히 고운 봄 길 위에
오늘 하루 하늘을 우러르고 싶다

새악시 볼에 떠오는 부끄럼같이
시의 가슴에 살포시 젖는 물결같이
보드레한 에메랄드 얇게 흐르는
실비단 하늘을 바라보고 싶다

김영랑

> 다정함을
> 적다
> ―
> 09

행 복

나는 당신을 사랑하고, 당신의 행복을 사랑합니다.
나는 온 세상 사람이 당신을 사랑하고
당신의 행복을 사랑하기를 바랍니다.
그러나 정말로 당신을 사랑하는 사람이 있다면,
나는 그 사람을 미워하겠습니다.
그 사람을 미워하는 것은
당신을 사랑하는 마음의 한 부분입니다.
그러므로 그 사람을 미워하는 고통도
나에게는 행복입니다.

만일 온 세상 사람이 당신을 미워한다면,
나는 그 사람을 얼마나 미워하겠습니까.
만일 온 세상 사람이 당신을 사랑하지도 않고 미워하지도 않는다면,
그것은 나의 일생에 견딜 수 없는 불행입니다.
만일 온 세상 사람이 당신을 사랑하고자 하여
나를 미워한다면, 나의 행복은 더 클 수가 없습니다.

그것은 모든 사람의 나를 미워하는 원한의 두만강이 깊을수록
나의 당신을 사랑하는
행복의 백두산이 높아지는 까닭입니다.

> 다정함을 적다
> ―
> 10

사미인곡

하루도 열두 때 한 달도 서른 날,
잠깐만 생각 말아 이 시름 잊자 하니,
마음에 맺혀 있고 골수에 새겨졌으니
편작이 열 명이 오나 이 병을 어찌하리.
아아, 내 병이야 이 님의 탓이로다.
차라리 죽어서 호랑나비 되오리라.
꽃나무 가지마다 간 데 족족 앉았다가,
향 묻은 날개로 님의 옷에 옮으리라.
님이야 나인 줄 모르셔도
내 님 좇으려 하노라.

다정함을
적다

11

달아

달아!
하늘 가득히 서러운 안개 속에
꿈모다이같이 떠도는 달아
나는 혼자
고요한 오늘 밤을 들창에 기대어
처음으로 안 잊히는 그이만 생각는다.
달아!
너의 얼굴이 그이와 같네
언제 보아도 웃던 그이와 같네
착해도 보이는 달아
만져 보고 저운 달아
잘도 자는 풀과 나무가 예사롭지 않네.
달아!
나도 나도
문틈으로 너를 보고
그이 가깝게 있는 듯이
야릇한 이 마음 안은 이대로
다른 꿈은 꾸지도 말고 단잠에 들고 싶다.
달아!
너는 나를 보네
밤마다 손치는 그이 눈으로—
달다 달아
즐거운 이 가슴이 아프기 전에
잠재워 다오— 내가 내가 자야겠네.

이상화

개여울의 노래

그대가 바람으로 생겨났으면
달 돋는 개여울의 빈 들 속에서
내 옷의 앞자락을 불기나 하지.

우리가 굼벵이로 생겨났으면
비오는 저녁 캄캄한 녕기슭의
미욱한 꿈이나 꾸어를 보지.

만일에 그대가 바다난 끝의
벼랑에 돌로나 생겨났더면
둘이 안고 구르며 떨어나지지.

만일에 나의 몸이 불귀신이면
그대의 가슴 속을 밤도와 태워
둘이 함께 재 되어 스러지지.

눈이 오시네

눈이 오시면-
내 마음은 미치나니
내 마음은 달뜨나니
오 눈오시는 오늘 밤에
그리운 그이는 가시네
그리운 그이는 가시고
눈은 자꾸 오시네

눈이 오시면-
내 마음은 달뜨다니
내 마음은 미치나니
오 눈 오시는 이 밤에
그리운 그이는 가시네
그리운 그이는 가시고
눈은 오시네!

이상화

> 다정함을
> 적다
> 14

늙어 가는 아내에게

내가 말했잖아
정말, 정말, 사랑하는, 사랑하는, 사람들,
사랑하는 사람들은,
너, 나 사랑해?
묻질 않어
그냥, 그래,
그냥 살어
그냥 서로를 사는 게야
말하지 않고, 확인하려 하지 않고,
그냥 그대 눈에 낀 눈곱을 훔치거나
그대 옷깃의 솔밥이 뜯어주고 싶게 유난히 커 보이는 게야
생각나?

지금으로부터 14년 전, 늦가을,
낡은 목조 적산 가옥이 많던 동네의 어둑어둑한 기슭,
높은 축대가 있었고, 흐린 가로등이 있었고
그 너머 잎 내리는 잡목숲이 있었고
그대의 집, 대문 앞에선
이 세상에서 가장 쓸쓸한 바람이 불었고
머리카락보다 더 가벼운 젊음을 만나고 들어가는 그대는
내 어깨 위의 비듬을 털어주었지
그런거야, 서로를 오래오래 그냥, 보게 하는 거
그리고 내가 많이 아프던 날
그대가 와서, 참으로 하기 힘든, 그러나 속에서는
몇 날 밤을 잠 못 자고 단련시켰던 뜨거운 말 :
저도 형과 같이 그 병에 걸리고 싶어요

황지우

그대의 그 말은 에탐부톨과 스트렙토마이신을 한알한알
들어내고 적갈색의 빈 병을 환하게 했었지
아, 그곳은 비어 있는 만큼 그대의 마음이었지
너무나 벅차 그 말을 사용할 수조차 없게 하는 그 사랑은
아픔을 낫게 하기보다는, 정신없이,
아픔을 함께 앓고 싶어하는 것임을
한밤, 약병을 쥐고 울어버린 나는 알았지
그래서, 그래서, 내가 살아나야 할 이유가 된 그대는 차츰
내가 살아갈 미래와 교대되었고

이제는 세월이라고 불러도 될 기간을 우리는 함께 통과했다
살았다는 말이 온갖 경력의 주름을 늘리는 일이듯
세월은 넥타이를 여며주는 그대 손끝에 역력하다
이제 내가 할 일은 아침 머리맡에 떨어진 그대 머리카락을
침 묻힌 손으로 집어내는 일이 아니라
그대와 더불어, 최선을 다해 늙는 일이리라
우리가 그렇게 잘 늙은 다음
힘없는 소리로, 임자, 우리 괜찮았지?
라고 말할 수 있을 때, 그때나 가서
그대를 사랑한다는 말은 그때나 가서
할 수 있는 말일 거야

황지우

다정함을
적다

15

바람의 말

우리가 모두 떠난 뒤
내 영혼이 당신 옆을 스치면
설마라도 봄 나뭇가지 흔드는
바람이라고 생각지는 마.

나 오늘 그대 알았던
땅 그림자 한 모서리에
꽃 나무 하나 심어 놓으려니
그 나무 자라서 꽃 피우면
우리가 알아서 얻은 모든 괴로움이
꽃잎 되어서 날아가 버릴 거야.

꽃잎 되어서 날아가 버린다.
참을 수 없게 아득하고 헛된 일이지만
어쩌면 세상 모든 일을
지척의 자로만 재고 살 건가.
가끔 바람 부는 쪽으로 귀 기울이면
착한 당신, 피곤해져도 잊지 마,
아득하게 멀리서 오는 바람의 말을.

마종기

다정함을 적다
16

즐거운 편지

1
내 그대를 생각함은 항상 그대가 앉아 있는
배경에서 해가 지고 바람이 부는 일처럼 사소한 일일 것이나
언젠가 그대가 한없이 괴로움 속을 헤매일 때에
오랫동안 전해오던 그 사소함으로 그대를 불러 보리라

2
진실로 진실로 내가 그대를 사랑하는 까닭은
내 나의 사랑을 한없이 잇닿은 그 기다림으로
바꾸어버린 데 있었다 밤이 들면서 골짜기엔 눈이 퍼붓기
시작했다 내 사랑도 어디쯤에선 반드시 그칠 것을 믿는다
다만 그때 내 기다림의 자세를 생각하는 것뿐이다
그 동안에 눈이 그치고 꽃이 피어나고 낙엽이 떨어지고
또 눈이 퍼붓고 할 것을 믿는다

황동규

봄이 오기 전이 가장 춥고,
해뜨기 전이 가장 어둡다고 합니다.
그러니 시간이 갈수록 차갑게 굳어버린 마음 때문에
슬퍼하고 있다면, 당신은 이미 뜨거운 사람입니다.
지난 일에 마음 쓰며 후회하지 마세요.
모두 뜨거운 시간이었습니다.
지금까지 잘 견뎌주어서 고마워요.

PART
03

뜨거움을 적다

뜨거움을 적다

사랑의 마음을 전하는 뜨거운 시 한 구절

소설 〈연금술사〉의 주인공 산티아고는
꿈속의 보물을 찾기 위해 먼 여행을 떠납니다.
온 우주 만물이 안내하는 '표지'를 따라 이집트의 사막 한가운데까지 다다른
산티아고는 전쟁 중인 군대에 잡혀, 사흘 안에 바람이 되지 못하면
목숨을 내놓아야 하는 상황에 부딪히게 됩니다.
산티아고는 세상 만물과 미지의 언어로 대화할 수는 있지만
바람이 되는 것은 불가능했습니다.
하지만 그는 살아서 사랑하는 여인을 다시 만나겠다는
강렬한 소망을 품은 채로 사막, 바람, 태양과 대화하고
만물의 정기 속으로 깊이 침잠해 들어갑니다.
그리고 만물의 정기에 대해 완전히 이해하게 되는 순간,
마침내 스스로 바람이 되었습니다.
기적마저 일으키는 뜨거운 마음의 힘이란 바로 이런 것 아닐까요?

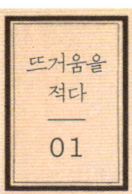

적막강산 1

그리움도 이렇게 고이면 독이 된다
네가 떠나면서
나는 흉가로 남아
황사의 날들을 지나며 한 방울
독의 힘으로 눈뜨고 있었다
첫아이를 위한 태교처럼
그리움을 다스렸다 이슬을 보면
아지랑이를 떠올렸다 바람에 날리는
풀씨를 보며 산맥의 뿌리를 생각했었다
일어나는 먼지를 들판의 기침으로
여기기도 했었고
그러나 흉가에서 내 몸 속에 고이는
물은 피가 되지 못하고
독으로 변하고 있었다 불똥만 닿아도
폭발하고 만다는 그 푸른 독으로
눈물 만큼 고이고 있었다
봄날은 고단하게 그렇게 지나갔다
독은 아직 고요하다

이문재

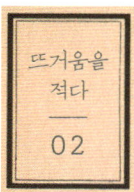

꽃

동방은 하늘도 다 끝나고
비 한 방울 내리잖는 그때에도
오히려 꽃은 빨갛게 피지 않는가
내 목숨을 꾸며 쉬임 없는 날이여

북쪽 툰드라에도 찬 새벽은
눈 속 깊이 꽃맹아리가 옴작거려
제비떼 까맣게 날아오길 기다리나니
마침내 저버리지 못할 약속이여!

한 바다 복판 용솟음 치는 곳
바람결따라 타오르는 꽃성에는
나비처럼 취하는 회상의 무리들아
오늘 내 여기서 너를 불러 보노라

이육사

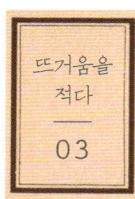

만전춘

얼음 위에 대나무잎 자리를 깔고
님과 내가 얼어 죽을 망정,
정을 나누는 오늘 밤
더디 새시라 더디 새시라

미상

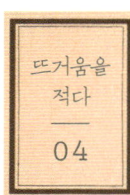

뜨거움을
적다
―
04

북창이 맑다커늘

북창이 맑다 하거늘 우장 없이 길을 나서니
산에는 눈이 오고 들에는 찬비 온다
오늘은 찬비 맞았으니 얼어서 잘까 하노라

임제

어이 얼어 잘이

어이 얼어 자리 무슨 얼어 자리
원앙침 비취금을 어디 두고 얼어 자리
오늘은 찬비 맞았으니 녹아 잘까 하노라

뜨거움을 적다 05

초혼

산산이 부서진 이름이여!
허공 중에 헤어진 이름이여!
불러도 주인 없는 이름이여!
부르다가 내가 죽을 이름이여!

심중에 남아 있는 말 한 마디는
끝끝내 마저 하지 못하였구나
사랑하던 그 사람이여!
사랑하던 그 사람이여!

붉은 해는 서산 마루에 걸리었다.
사슴의 무리도 슬피운다.
떨어져 나가 앉은 산 위에서
나는 그대의 이름을 부르노라.

설움에 겹도록 부르노라.
설움에 겹도록 부르노라.
부르는 소리는 비껴가지만
하늘과 땅 사이가 너무 넓구나.

선 채로 이 자리에 돌이 되어도
부르다가 내가 죽을 이름이여!
사랑하던 그 사람이여!
사랑하던 그 사람이여!

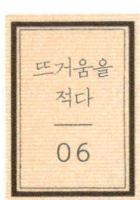

뜨거움을
적다
—
06

몽혼

요사이 안부를 묻노니 어떠하시나요?	近來安否問如何
달 비친 사창에 저의 한이 많습니다.	月到紗窓妾恨多
꿈속의 넋에게 자취를 남기게 한다면,	若使夢魂行有跡
문 앞의 돌길이 반쯤은 모래가 되었을 걸.	門前石路半成沙

이옥봉

뜨거움을
적다
――
07

저녁에

저렇게 많은 중에서
별 하나가 나를 내려다 본다
이렇게 많은 사람 중에서
그 별 하나를 쳐다본다

밤이 깊을수록
별은 밝음 속에 사라지고
나는 어둠 속에 사라진다

이렇게 정다운
너 하나 나 하나는
어디서 무엇이 되어
다시 만나랴

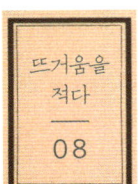

뜨거움을
적다

08

님의 침묵

님은 갔습니다. 아아, 사랑하는 나의 님은 갔습니다.
푸른 산빛을 깨치고 단풍나무 숲을 향하여 난 작은 길을 걸어서 차마 떨치고 갔습니다.
황금의 꽃같이 굳고 빛나던 옛 맹세는 차디찬 티끌이 되어서, 한숨의 미풍에 날아갔습니다.
날카로운 첫 키스의 추억은 나의 운명의 지침을 돌려 놓고, 뒷걸음쳐서 사라졌습니다.
나는 향기로운 님의 말소리에 귀먹고, 꽃다운 님의 얼굴에 눈멀었습니다.
사랑도 사람의 일이라, 만날 때에 미리 떠날 것을 염려하고 경계하지 아니한 것은 아니지만,
이별은 뜻밖의 일이 되고 놀란 가슴은 새로운 슬픔에 터집니다.
그러나, 이별을 쓸데없는 눈물의 원천을 만들고 마는 것은 스스로 사랑을 깨치는 것인 줄 아는 까닭에,
걷잡을 수 없는 슬픔의 힘을 옮겨서 새 희망의 정수박이에 들어부었습니다.
우리는 만날 때에 떠날 것을 염려하는 것과 같이, 떠날 때에 다시 만날 것을 믿습니다.
아아, 님은 갔지마는 나는 님을 보내지 아니하였습니다.
제 곡조를 못 이기는 사랑의 노래는 님의 침묵을 휩싸고 돕니다.

한용운

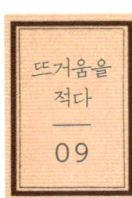

서시

죽는 날까지 하늘을 우러러
한 점 부끄럼이 없기를,
잎새에 이는 바람에도
나는 괴로워했다.
별을 노래하는 마음으로
모든 죽어가는 것을 사랑해야지.
그리고 나한테 주어진 길을
걸어가야겠다.

오늘 밤에도 별이 바람에 스치운다.

윤동주

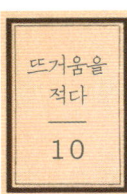

광야

까마득한 날에
하늘이 처음 열리고
어데 닭 우는 소리 들렸으랴.

모든 산맥들이
바다를 연모해 휘달릴 때도
차마 이 곳을 범하던 못하였으리라.

끊임없는 광음을
부지런한 계절이 피어선 지고
큰 강물이 비로소 길을 열었다.

지금 눈 내리고
매화 향기 홀로 아득하니
내 여기 가난한 노래의 씨를 뿌려라.

다시 천고의 뒤에
백마 타고 오는 초인이 있어
이 광야에서 목놓아 부르게 하리라.

이육사

뜨거움을 적다
———
11

생명의 서(書)

나의 지식이 독한 회의를 구하지 못하고
내 또한 삶의 애증을 다 짐지지 못하여
병든 나무처럼 생명이 부대낄 때
저 머나먼 아라비아의 사막으로 나는 가자

거기는 한 번 뜬 백일이 불사신같이 작열하고
일체가 모래 속에 사멸한 영겁의 허적에
오직 알라의 신만이
밤마다 고민하고 방황하는 열사의 끝

그 열렬한 고독 가운데
옷자락을 나부끼고 호올로 서면
운명처럼 반드시 「나」와 대면케 될지니
하여 「나」란, 나의 생명이란
그 원시의 본연한 자태를 다시 배우지 못하거든
차라리 나는 어느 사구에 회한 없는 백골을 쪼이리라

유치환

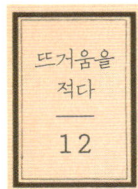

논개

거룩한 분노는
종교보다도 깊고
불붙는 정열은
사랑보다도 강하다.
아, 강낭콩꽃보다도 더 푸른
그 물결 위에
양귀비꽃보다도 더 붉은
그 마음 흘러라.

아리땁던 그 아미
높게 흔들리우며
그 석류 속 같은 입술
'죽음'을 입맞추었네!

아, 강낭콩꽃보다도 더 푸른
그 물결 위에
양귀비꽃보다도 더 붉은
그 마음 흘러라.

흐르는 강물은
길이길이 푸르리니
그대의 꽃다운 혼
어이 아니 붉으랴.
아, 강낭콩꽃보다도 더 푸른
그 물결 위에
양귀비꽃보다도 더 붉은
그 마음 흘러라.

변영로

뜨거움을 적다
13

꽃

내가 그의 이름을 불러주기 전에는
그는 다만
하나의 몸짓에 지나지 않았다.

내가 그의 이름을 불러주었을 때
그는 나에게로 와서
꽃이 되었다.

내가 그의 이름을 불러준 것처럼
나의 이 빛깔과 향기에 알맞는
누가 나의 이름을 불러다오.
그에게로 가서 나도
그의 꽃이 되고 싶다.

우리들은 모두
무엇이 되고 싶다.
너는 나에게 나는 너에게
잊혀지지 않는 하나의 눈짓이 되고 싶다.

김춘수

뜨거움을 적다
—
14

너를 만나면

너를 만나면
우선 타버린 심장을
꺼내 보여야지
다음 식당으로 들어가
식사를 해야지
잘 익은 빵을
한 바구니 사야지
너를 만나면
우선 웃어야지
그럼 나는
두 배나 커지겠지
너를 만나면
가을이 오겠지
세상은 온통 가을이겠지
너를 만나면
나는 세 배나 커지겠지

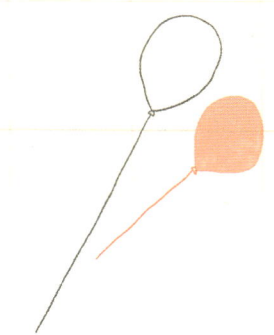

식사를 하고
거리를 걸으면
백 개나 해가 뜨겠지
다신 병들지 않겠지
너를 만나면
기쁘고 한없이 고요한
마음이 되겠지
아아 너를 만나면
감기로 시달리던
밤들에 대해
전쟁에 대해
다시는 말하지 말아야지
너를 만나면
이렇게 비만 내리는
밤도 사랑해야지

이승훈

물에 빠져 자맥질하는 사람을 가까이서 보면
숨 쉴 수 없는 고통에 발버둥 치는 것처럼 보이지만
눈을 들어 멀리서 다시 한 번 바라보면
그의 몸이 오르락내리락해서 조금씩
수면 위로 상승하고 있다는 것을 알 수 있습니다.
지금 어두운 시간 속을 홀로 지나고 있는 당신,
아무것도 하지 못하고 있는 것이 아닙니다.
우리는 모두 조금씩 수면 위로 올라가고 있어요.

PART 04

쪽쪽함을 적다

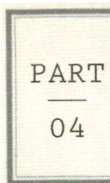

촉촉함을 적다

조용히 마음을 적시는 위로의 시 한 구절

건조한 일상 중에 잔잔하고 서정적인 이야기를 듣는 것만으로도
답답한 마음이 환기되는 경우가 있습니다.
또 슬프거나 우울한 일을 당했을 때는
누군가의 위로의 말 한마디가 큰 힘이 되지요.
하지만 삶은 어느 한 장면으로 끝나는 것이 아니라
끝없이 이어진 장면들의 연속입니다.
인생의 한 장면에서 귀로 들은 이야기는 시간이 지나면서
허공에 흩어져 사라지기도 하지만, 한 번 활자로 기록된 위안의 말은
세상 어딘가에 남아 계속해서 우리의 마음을 어루만져 주겠지요.
아름다운 언어로 우리의 지친 마음을 위로하는 것, 그래서 또다시 살아가게 하는 것.
그것이 바로 문학의 역할 아닐까요?
여기 적힌 언어들 역시 마음 한 편에 새겨져
오래도록 우리의 삶을 촉촉하게 적실 수 있으면 좋겠습니다.

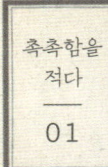
축축함을 적다
01

청파동을 기억하는가

겨울 동안 너는 다정했었다.
눈(雪)의 흰 손이 우리의 잠을 어루만지고
우리가 꽃잎처럼 포개져
따뜻한 땅 속을 떠돌 동안엔

봄이 오고 너는 갔다.
라일락꽃이 귀신처럼 피어나고
먼곳에서도 너는 웃지 않았다.
자주 너의 눈빛이 셀로판지 구겨지는 소리를 냈고
너의 목소리가 쇠꼬챙이처럼 나를 찔렀고
그래, 나는 소리 없이 오래 찔렸다.

찢린 몸으로 지렁이처럼 기어서라도,
가고 싶다 네가 있는 곳으로.
너의 따뜻한 불빛 안으로 숨어들어가
다시 한번 최후로 찔리면서
한없이 오래 죽고 싶다.

그리고 지금, 주인 없는 헤진 신발마냥
내가 빈 벌판을 헤맬 때
청파동을 기억하는가

우리가 꽃잎처럼 포개져
눈 덮인 꿈 속을 떠돌던
몇 세기 전의 겨울을.

최승자

이별가(離別歌)

뫼 락 카 노, 저 편 강기슭에서
니 뫼 락 카 노, 바람에 불려서

이승 아니믄 저승으로 떠나가는 뱃머리에서
나의 목소리도 바람에 날려서

뫼 락 카 노 뫼 락 카 노
썩어서 동아밧줄은 삭아내리는데

하직을 말자 하직을 말자
인연은 갈밭을 건너는 바람

뫼 락 카 노 뫼 락 카 노 뫼 락 카 노
너 흰 옷자라기만 펄럭거리고……

오냐. 오냐. 오냐
이승 아니믄 저승에서라도……

이승 아니믄 저승에서라도
인연은 갈밭을 건너는 바람

뫼 락 카 노, 저 편 강기슭에서
니 음성은 바람에 불려서

오냐. 오냐. 오냐
나의 목소리도 바람에 날려서

박목월

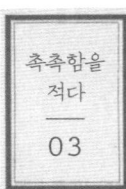

촉촉함을
적다
───
03

동짓달 기나긴 밤을

동짓달 기나긴 밤을 한 허리를 베어 내어
춘풍 이불 아래 서리서리 넣었다가
어론 님 오신 날 밤이어든 굽이굽이 펴리라
황진이

황진이

마음이 어린 후이니

마음이 어린 후이니 하는 일이 다 어리다
만중 운산에 어느 임 오리마는
지는 잎 부는 바람에
행여 긘가 하노라

촉촉함을
적다
—
05

먼 후일

먼 훗날 당신이 찾으시면
그때에 내 말이 '잊었노라.'

당신이 속으로 나무라면
'무척 그리다가 잊었노라.'

그래도 당신이 나무라면
'믿기지 않아서 잊었노라.'

오늘도 어제도 아니 잊고
먼 훗날 그때에 '잊었노라.'

김소월

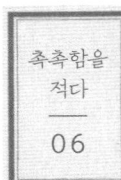

나와 나타샤와 흰 당나귀

가난한 내가
아름다운 나타샤를 사랑해서
오늘밤은 푹푹 눈이 나린다

나타샤를 사랑은 하고
눈은 푹푹 날리고
나는 혼자 쓸쓸히 앉어 소주를 마신다
소주를 마시며 생각한다
나타샤와 나는
눈이 푹푹 쌓이는 밤 흰 당나귀를 타고
산골로 가자 출출이 우는 깊은 산골로 가 마가리에 살자

눈은 푹푹 나리고
나는 나타샤를 생각하고
나타샤가 아니 올 리 없다
언제 벌써 내 속에 고조곤히 와 이야기한다
산골로 가는 것은 세상한테 지는 것이 아니다
세상 같은 건 더러워 버리는 것이다

눈은 푹푹 나리고
아름다운 나타샤는 나를 사랑하고
어데서 흰 당나귀도 오늘밤이 좋아서 응앙응앙 울 것이다

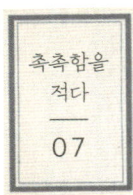

촉촉함을 적다
07

나룻배와 행인

나는 나룻배
당신은 행인

당신은 흙발로 나를 짓밟습니다
나는 당신을 안고 물을 건너갑니다
나는 당신을 안으면
깊으나 옅으나 급한 여울이나 건너갑니다

만일 당신이 아니 오시면
나는 바람을 쐬고 눈비를 맞으며
밤에서 낮까지 당신을 기다립니다
당신은 물만 건너면
나를 돌아보지도 않고 가십니다 그려
그러나 당신이 언제든지 오실 줄만은 알아요
나는 당신을 기다리면서
날마다 날마다 늙어갑니다

나는 나룻배
당신은 행인

한용운

촉촉함을
적다
―
08

세월이 가면

지금 그 사람 이름은 잊었지만
그의 눈동자 입술은
내 가슴에 있어

바람이 불고
비가 올 때도
나는 저 유리창 밖
가로등 그늘의 밤을 잊지 못하지

사랑은 가고
과거는 남는 것
여름날의 호숫가 가을의 공원
그 벤치 위에
나뭇잎은 떨어지고
나뭇잎은 흙이 되고
나뭇잎에 덮여서
우리들 사랑이 사라진다 해도
지금 그 사람 이름은 잊었지만
그의 눈동자 입술은
내 가슴에 있어
내 서늘한 가슴에 있건만

지금 그 사람 이름은 잊었지만
그의 눈동자 입술은
내 가슴에 있어
내 서늘한 가슴에 있건만

박인환

> 촉촉함을
> 적다
> ──
> 09

바다가 변하여 뽕나무밭 된다고

걷잡지 못할만한 나의 이 설움,
저무는 봄저녁에 져가는 꽃잎,
져가는 꽃잎들은 나부끼어라.
예로부터 일러 오며 하는 말에도
바다가 변하여 뽕나무밭 된다고.
그러하다, 아름다운 청춘의 때의
있다던 온갖 것은 눈에 설고
다시금 낯모르게 되나니,
보아라, 그대여, 서럽지 않은가,
봄에도 삼월의 져가는 날에
붉은 피같이 쏟아져 나리는
저기 저 꽃잎들을,
저기 저 꽃잎들을.

김소월

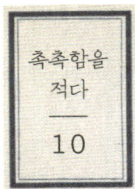

내 마음 아실 이

내 마음을 아실 이
내 혼자 마음 날같이 아실 이
그래도 어디나 계실 것이면,

내 마음에 때때로 어리우는 티끌과
속임 없는 눈물의 간곡한 방울방울,
푸른 밤 고이 맺는 이슬 같은 보람을
보낸 듯 감추었다 내어드리지.

아! 그립다.
내 혼자 마음 날같이 아실이
꿈에나 아득히 보이는가.

향 맑은 옥돌에 불이 달아
사랑은 타기도 하오련만,
불빛에 연긴 듯 희미론 마음은
사랑도 모르리, 내 혼자 마음은

김영랑

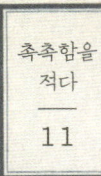

눈 오 는 지 도

순이(順伊)가 떠난다는 아침에 말 못할 마음으로 함박눈이 내려,
슬픈 것처럼 창 밖에 아득히 깔린 지도 위에 덮인다.

방 안을 돌아다 보아야 아무도 없다. 벽과 천정이 하얗다. 방 안에까지 눈이 내리는
것일까. 정말 너는 잃어버린 역사처럼 훌훌히 가는 것이냐.
떠나기 전에 일러둘 말이 있던 것을 편지를 써서도 네가 가는 곳을 몰라
어느 거리, 어느 마을, 어느 지붕 밑, 너는 내 마음 속에만 남아 있는 것이냐.
네 조그만 발자욱을 눈이 자꾸 내려 덮어 따라갈 수도 없다.
눈이 녹으면 남은 발자욱 자리마다 꽃이 피리니 꽃 사이로 발자욱을 찾아 나서면
일 년 열두 달 하냥 내 마음에는 눈이 내리리라.

윤동주

촉촉함을
적다
―
12

개여울

당신은 무슨 일로
그리합니까?
홀로이 개여울에 주저앉아서

파릇한 풀포기가
돋아나오고
잔물은 봄바람에 해적일 때에

가도 아주 가지는
않노라시던
그러한 약속이 있었겠지요

날마다 개여울에
나와 앉아서
하염없이 무엇을 생각합니다

가도 아주 가지는
않노라심은
굳이 잊지 말라는 부탁인지요

김소월

촉촉함을
적다

13

못 잊어

못 잊어 생각이 나겠지요,
그런대로 한세상 지내시구려,
사노라면 잊힐 날 있으리다.

못 잊어 생각이 나겠지요.
그런대로 세월만 가라시구려,
못 잊어도 더러는 잊히오리다.

그러나 또한긋 이렇지요,
'그리워 살뜰히 못 잊는데,
어쩌면 생각이 떠지나요?'

김소월

촉촉함을
적다
——
14

꽃이 진다고 그대를 잊은 적 없다

꽃이 진다고 그대를 잊은 적 없다
별이 진다고 그대를 잊은 적 없다
그대를 만나러 팽목항으로 가는 길에는 아직 길이 없고
그대를 만나러 기차를 타고 가는 길에는 아직 선로가 없어도
오늘도 그대를 만나러 간다

푸른 바다의 길이 하늘의 길이 된 그날
세상의 모든 수평선이 사라지고
바다의 모든 물고기들이 통곡하고
세상의 모든 등대가 사라져도
나는 그대가 걸어가던 수평선의 아름다움이 되어
그대가 밝히던 등대의 밝은 불빛이 되어
오늘도 그대를 만나러 간다

한 배를 타고 하늘로 가는 길이 멀지 않느냐
혹시 배는 고프지 않느냐
엄마는 신발도 버리고 그 길을 따라 걷는다

정호승

아빠는 아픈 가슴에서 그리움의 면발을 뽑아
세상에서 가장 맛있는 짜장면을 만들어주었는데
친구들이랑 맛있게 먹긴 먹었느냐

그대는 왜 보고 싶을 때 볼 수 없는 것인지
왜 아무리 보고 싶어 해도 볼 수 없는 세계인지
그대가 없는 세상에서
나는 아무것도 두려워하지 않는다
잊지 말자 하면서도 잊어버리는 세상의 마음을
행여 그대가 잊을까 두렵다

팽목항의 갈매기들이 날지 못하고
팽목항의 등대마저 밤마다 꺼져가도
나는 오늘도 그대를 잊은 적 없다
봄이 가도 그대를 잊은 적 없고
별이 져도 그대를 잊은 적 없다

정호승

 마음
채움

판 권
소 유

마음 채움, 나를 적다 ─ 시

1판 1쇄 인쇄 2015년 10월 15일
1판 1쇄 발행 2015년 10월 20일

지 은 이   편집부 엮음
발 행 인   이미옥
발 행 처   J&jj
정   가   12,000원
등 록 일   2014년 5월 2일
동록번호   220-90-18139
주   소   (04987) 서울 광진구 능동로 32길 159
전화번호   (02) 447-3157~8
팩스번호   (02) 447-3159

ISBN 979-11-955295-7-5 (13800)
J-15-08
Copyright ⓒ 2015 J&jj Publishing Co., Ltd